[eux exemplaires de cette brochure ont été déposés à la préfecture de la Charente.

PETIT LIVRE

BON A CONSULTER,

OU

EXAMEN CRITIQUE ET IMPARTIAL,

SUR LES CHEMINS

DE GRANDE COMMUNICATION,

Les Routes départementales et les Voies de petite Vicinalité dans la Dordogne.

PREMIÈRE PARTIE.

> Si l'agriculture est le premier des arts et la seconde mamelle des nations, comme le disait Sulty il y a deux cents ans, la bonne viabilité des communications en est l'âme.

Chemins de grande communication.

Il faut se méfier de l'engouement qui saisit parfois la nation française; la fièvre dont on éprouve les accès pour les chemins de grande communication, est un engouement de ce genre, dont les contribuables éprouvent les funestes conséquences dans la Dordogne. Que s'y passe-t-il, en effet? Le classement incompréhensible de 65 chemins de grande communication, d'un développement d'*un million trois cent soixante-dix-huit mille quatorze mètres*, sur une superficie de *treize millions sept cent quatre-vingt mille cent quarante mètres carrés*, puisqu'on leur donne *dix* et quelquefois *onze* mètres de largeur, fossés compris : largeur exorbitante pour de pareils chemins, qui ne tend qu'à augmenter sans utilité les dépenses de construction et d'entretien; car il ne circulera sur la presque totalité de ces chemins, ni diligence ni grand roulage.

Cet état de choses est fâcheux; on doit s'empresser, dans l'intérêt public, d'en arrêter les funestes résultats.

La grande vicinalité suit les routes départementales et les dépasse beaucoup trop, par le nombre et l'étendue de ses lignes.

Il est essentiel et pressant que les mandataires du pays sachent dans quelle mauvaise voie ils se sont engagés, quelles sont les précautions qu'ils ont à prendre pour pourvoir aux charges de l'avenir. *C'est ce que je vais leur dire.*

D'abord, pour premier principe de la matière, se garder surtout d'améliorations sur le papier seulement; à côté de la classification, il faut placer le tableau des ressources qui doivent leur être *irrévocablement* assurées.

Il est, dit M. le ministre de l'intérieur, quelques départements où aucun chemin vicinal n'a été déclaré de grande communication avant que des associations de communes ou de particuliers aient fait des offres suffisantes pour couvrir la *moitié*, et même les *deux tiers* des dépenses d'ouverture et d'entretien. Il est à regretter qu'on n'ait pas suivi partout cet excellent système. Que de calculs erronés, que de mécomptes, que d'erreurs, que de dépenses en pure perte n'aurait-on pas évités !

On n'a pas su profiter de cet engouement qui portait les esprits sur les chemins de grande communication; il fallait, au contraire, l'encourager, le diriger. C'est au passage qu'il faut saisir et utiliser l'enthousiasme populaire, qui se porte vers le bien public; le moment opportun échappé ne se représente plus.

Honneur donc aux préfets et aux conseils généraux de ces départements qui connaissent si bien les besoins et les ressources de leurs administrés et de leurs commettants : ce sont des *administrateurs !*

On peut, on doit faire des chaussées avec économie, mais il est de règle rigoureuse de les entretenir assidûment et sans parcimonie; que leur épaisseur soit forte ou faible, il n'y a pas de viabilité possible sans les soins continuels du cantonnier, sans des amas toujours présents de matériaux, sans leur emploi judicieux, au moyen de chargements partiels, en temps opportun.

Toutes les saisons ne conviennent pas à la construction et à la réparation des chemins, surtout lorsque les travaux s'exécutent en régie, par la prestation en nature, puisque l'expérience de chaque jour démontre que l'emploi de ce moyen ne rend pas le *tiers* de ce qu'il devrait rendre. Un chemin fait au milieu de l'hiver ne produit que de la boue, au plus fort de l'été, que de la poussière. Les travaux utiles dans notre climat, doivent se faire du 15 février au 15 mai, et du 1er septembre au 15 octobre; il est déjà trop tard lorsqu'on a laissé passer cette dernière époque. Ce laps de temps dans les deux saisons, suffit en général pour épuiser les ressources de l'année, et si les travaux sont conduits avec zèle et intelligence, la première période suffira, et c'est la meilleure.

Pour arriver à une direction rationnelle de l'emploi du temps (le seul dont l'avarice soit louable), il faudrait faire une étude complète de ces chemins, premier pas qu'il fallait faire sur ce terrain, avant de procéder au classement, car ce n'était qu'après ce préalable rempli, qu'on pouvait se fixer irrévocablement sur le nombre des chemins vicinaux à déclarer de grande communication, en le combinant avec les ressources qui pouvaient leur être attribuées, ce qui aurait positivement constaté les travaux à entreprendre et surtout à *terminer*, car de la manière dont on s'y prend, on ne termine jamais rien.

Ce travail aurait en outre eu le mérite de prévenir ces classements intempestifs, demandés et accordés sans réflexion, qui ne tendent qu'à imposer sans mesure aux communes, de lourdes et inévitables charges pour le présent et l'avenir.

Je suis l'un des plus chauds partisans des routes et des chemins, parce qu'ils sont indispensables à la prospérité du pays, mais je ne voudrais pas qu'on entreprît des travaux très coûteux sur des lignes qui ne les comportent pas. Ainsi, je dis avec une entière conviction, fruit d'une étude sérieuse sur le terrain et dans le cabinet, que si seulement 25 de ces 65 chemins de grande communication classés dans la Dordogne sont conservés, il seront pour les communes chargées de les construire et de les entretenir, une plaie qui ne guérira jamais.

Heureusement que les deux votes d'emprunt du conseil général, d'un *million* et de *huit cent mille francs*, émis dans ses sessions de 1839 et 1840, ont été rejetés. Eh, mon dieu ! le meilleur de tous les emprunts serait certainement l'abandon sans retour des *trois quarts* de ces chemins, classés à tort et à travers, sans étude, sans penser à se rendre compte de ce que l'on pouvait raisonnablement entreprendre, et aux énormes dépenses que de pareils travaux traînent à leur suite, et sans savoir où prendre la plus grande partie des ressources qu'ils nécessitent.

C'est semer sur divers points du département, des fragments de travaux sans utilité présente, et sans certitude d'achèvement pour l'avenir.

Revenant aux emprunts, et pour appui de cette ressource dangereuse pour les gouvernements comme pour les particuliers, je transcrirai littéralement un passage de la circulaire ministérielle aux préfets, du 12 août 1840; il s'exprime en ces termes :

« Le moindre inconvénient des emprunts qui puisse
« arriver dans les opérations de cette nature, c'est d'é-
« puiser les ressources, de telle sorte qu'il devient im-
« possible de subvenir, pendant toute la durée de l'en-
« gagement contracté, c'est-à-dire quelquefois pen-
« dant de longues années, aux dépenses qu'exigeraient
« les besoins les plus pressants, sans parler du danger
« des intérêts toujours onéreux, en privant l'avenir,
« au profit du présent, des ressources qu'une sage pré-
« voyance commande de ménager.

« Il ne faut pas que le vain désir de la part de l'ad-
« ministrateur de marquer le temps de son adminis-
« tration par des travaux, quelque utilité qu'ils puis-
« sent offrir à ses concitoyens, pousse ce magistrat à
« dépasser les bornes de la prudence, le bien même
« veut être fait avec mesure autant qu'avec discerne-
« ment, et que des améliorations acquises au prix d'un

« embarras financier, cesseraient d'être un avantage, « dont il pût lui être tenu compte. »

On publie de belles choses sur la nécessité et les avantages des emprunts en matière de travaux publics. Il est tout naturel que ceux qui dépensent leur produit, trouvent que le crédit est une bonne chose, mais il ne l'est pas moins que ceux qui sont obligés ou de rembourser la somme empruntée, ou d'en payer les intérêts, n'en soient pas aussi satisfaits.

La cause de cet embarras dans la Dordogne, est le fruit d'avoir trop entrepris sans délibérer sur la question d'argent, cheville ouvrière de toutes les entreprises.

« *Il en est de l'esprit comme de l'estomac; il ne s'a-* « *git pas de savoir ce qu'il prend, mais ce qu'il dégère.* » C'est Montaigne qui dit cela.

Toute opération de ce genre est presque toujours préjudiciable au contribuable. Que ne porte-t-on plutôt un coup d'œil tour à tour sur les budgets des communes? les chiffres qui en surgiraient répandraient les idées d'ordre et d'économie dont le département de la Dordogne a un si grand besoin.

On sera bien surpris, dans dix ans, de voir ces chemins de grande communication entrepris sur une si grande échelle, ne présenter que des ruines, malgré les sommes qu'on y aura enfouies.

Il n'en sera pas ainsi dans d'autres départements, d'après le rapport de M. le ministre de l'intérieur au roi, du 3 septembre 1839, sur les chemins de grande communication; ces voies, à cette époque, dans le royaume, dit le rapport, avaient *onze mille lieues* de développement, qui, en moyenne, donnent à chacun des 86 départements 127 lieues, 5 kilomètres, 27 mètres;

et celui de la Dordogne à lui seul, en a 344 lieues, 2 kilomètres 14 mètres !

Si l'administration de ce département a une comptabilité bien tenue, qui, avec cette condition de rigueur, est un *conseiller*, un *dépositaire* et un *juge*, en y portant les yeux, elle reconnaîtra sans peine combien est critique la position qu'elle s'est faite, et combien il est urgent d'en sortir, dans l'intérêt de la chose et de ses administrés qui en souffrent.

Les entreprises considérables engagent souvent dans des projets incomplètement étudiés; il convient d'en modifier l'importance.

Une perfection théorique est ennemie d'une véritable amélioration; ainsi, par exemple, vouloir, comme dans la Dordogne, sol montueux, hérissé de difficultés, que les pentes des chemins de grande communication n'excèdent pas six centimètres par mètre, c'est vouloir ajouter un *tiers* et peut-être la *moitié* à la dépense, c'est rendre impossible la tâche entreprise. Il serait préférable de placer ces chemins dans la limite des pentes appropriées aux besoins et aux usages de l'agriculture.

On ne pouvait s'éclairer sur un classement judicieux, que par la lumière des chiffres et de l'étude; ces deux régulateurs obligés pour bien opérer, ont été méconnus. Néanmoins, sans être habile calculateur, sans être expert en cette matière, rien n'était plus facile que de se fixer irrévocablement sur le nombre des chemins vicinaux à déclarer de grande communication, eu égard aux ressources qui pouvaient leur être attribuées; il s'agissait seulement de porter les yeux sur l'instruction ministérielle du 24 juin 1836, qui conduit l'autorité comme par la main à des résultats conformes à l'esprit et à la lettre de la loi. On y aurait trouvé :

« Vous proposerez, M. le préfet, au conseil général, « le classement des lignes les plus importantes seule« ment, en en limitant le nombre d'après les ressources « qui peuvent être attribuées à cette branche de service; « les lignes dont vous ne proposerez pas le classement « actuel, auront des droits sans doute à être classées « ultérieurement, mais seulement à mesure de l'achè« vement des premières, ou que des ressources plus « abondantes permettent de nouveaux classements.

« Remarquez, M. le préfet, que rien dans la loi n'in« dique la nécessité ou même l'utilité du classement « spontané de tous les chemins de grande communi« cation; il ne s'agit seulement que de terminer celle « de ces lignes qu'il est le plus urgent d'améliorer, et « sur laquelle il serait permis de verser, à titre de con« cours, quelques portions des fonds départementaux.

« La limite des fonds à employer doit être la base « du classement, et il s'ensuit qu'il ne doit pas être « successif. C'est ainsi, au surplus, qu'il est procédé « pour les routes départementales; aucun conseil gé« néral ne demanderait certainement le classement de « dix de ces routes, qu'il ne se proposerait d'ouvrir « que dans plusieurs années; il doit en être de même « du classement des chemins de grande communica« tion; il ne doit se faire qu'autant que les ressources « le permettent. »

Est-ce clair?..... Il ne l'est pas moins, que si l'on avait suivi les prescriptions qui précèdent, marquées au coin d'une bonne administration, qu'il n'y aurait pas 344 lieues en chemins de grande communication classés dans la Dordogne.

Ce classement fait au hasard, d'un développement si considérable, rend l'entretien nul presque partout, et l'absence de toute espèce de soin laisse le champ libre à toutes les causes de dégradations. Ainsi, lorsque les dépenses de construction sont distribuées sur tant de points à la fois, il n'est pas rare que les parties faites les premières soient devenues impraticables avant l'achèvement des dernières, de sorte que celles-ci finies, il faut recommencer sur de nouveaux frais, et ainsi de suite jusqu'à la *résurrection!*

Chemin de grande communication de Larochechalais à Parcoul.

Ce chemin est à la charge exclusive de ces deux communes, qui sont contiguës, placées à l'extrémité ouest du département, bordant la rivière de Dronne, qui la sépare des deux Charentes, joignant la Gironde au sud, et à l'est, les communes de Saint-Michel, l'Eparron et Puymangou, communes pauvres, qui ne peuvent pas réparer leurs propres chemins.

Cette ligne en forme de *tire-bouchon* [1], ainsi qu'elle est tracée sur la carte de ces chemins dressés par ordre de M. le préfet de la Dordogne, a un développement de *dix mille mètres* et *onze mètres* de largeur, fossés compris.

La position topographique de ces deux communes et l'importance de la ligne exigeaient, sans aucun doute, qu'elle fût comprise dans le nombre des routes départementales de la Dordogne, comme prolongement de

---

[1] On a sans doute voulu prouver par le contraire, que la ligne droite est la plus courte; il est fâcheux que cette démonstration géométrique ne soit pas en rapport avec l'économie du temps et de l'argent.

celle de Montmoreau à Larochechalais [1]; le contraire, comme il est arrivé, est une injustice criante envers les communes de Larochechalais et de Parcoul, comme je vais le prouver tout à l'heure.

Le 16 janvier 1837, M. le directeur général des ponts et chaussées a entretenu M. le préfet de la Dordogne, de la demande faite par le conseil général de la Charente, de prolonger la route départementale n° 1 d'Angoulême à Larochechalais, dans la Dordogne. Le même conseil a adopté pour ce prolongement, une ligne qui, après avoir passé à Montmoreau et Chalais, entre dans la Dordogne à Parcoul, où elle rencontre à Larochechalais la route départementale n° 2 de Ribérac à Libourne, celle encore au même point à Montguion, Montlieu et Mirambeau, traverses des routes royales de Paris à Bordeaux, par Tours et Nantes.

Il fut procédé à l'avant-projet de cette lacune vicinale, en route départementale dont le développement s'est trouvé de 6,800 métr. et la dépense de 71,200 fr.

Le rapport de cette opération fut fait par M. l'ingénieur ordinaire à la résidence de Bergerac, le 24 avril 1837, et approuvé par M. l'ingénieur en chef, le 26 du même mois.

Le conseil général, dans sa session de 1837, séance du 29 août, délibéra sur cet avant-projet dont le rejet fut prononcé à la majorité de 19 voix contre 5. Le motif de ce vote étrange fut pris de ce que la position topographique des communes de Larochechalais et de Parcoul, reculées à l'extrémité du département, ne comportait pas une route départementale.

Voici une preuve péremptoire, prise de la position

[1] Cette direction d'Angoulême à Larochechalais, est exprimée dans l'ordonnance royale qui autorise l'ouverture de cette ligne.

des lieux, qui réfute victorieusement le motif d'exclusion adopté par le conseil général.

On a jeté un pont sur la Dordogne, à Saint-Jean-de-Blagnac, route de Libourne à Bazas; cette route qui, dans l'origine, n'avait été ouverte que dans l'intérêt local des villes de La Réole et de Langon, n'a eu jusqu'à ce jour qu'une importance secondaire; mais aujourd'hui qu'elle est entièrement terminée sur ces deux branches de Libourne à La Réole et de Libourne à Langon, elle est appelée à devenir de la plus haute importance, par la nouvelle route d'Angoulême à Libourne.

Dans ce dernier système de communication, cette nouvelle route rayonnant un pays très étendu, fertile, agricole et commerçant, présente des avantages incontestables que le tableau suivant va faire connaître, sur les distances à parcourir.

Direction de l'ancienne route.

Par la route royale n° 10 de Paris en Espagne, on trouve d'Angoulême à Bordeaux.................................... 136,000 m.
De Bordeaux à Langon............................. 46,000
  Total d'Angoulême à Langon.......... 182,000

Direction de la nouvelle route.

D'Angoulême à Libourne, par Montmoreau, Parcoul, Larochechalais et Coutras......... 108,000 m.
De Libourne à Saint-Jean-de-Blagnac................................. 15,000
De Saint-Jean-de-Blagnac à Sauveterre.................................. 15,000   158,500
De Sauveterre à Saint-Macaire...... 18,000
De Saint-Macaire à Langon......... 2,500

Différence en moins en faveur de la nouvelle route, sur la distance d'Angoulême à Langon, 5 lieues, 3 kilomètres, 5 hectomètres, presque 3 postes, ou........... 23,500

Il serait contraire à tous les principes qui régissent la matière, et même ridicule de laisser cette lacune vicinale, enclavée dans une ligne royale et départementale directe, la plus courte de Paris en Espagne, d'un développement de 200 lieues; destinée, avant peu de temps, à devenir royale sur toute son étendue.

La construction d'un pont en pierre sur la Dronne, à Parcoul, le seul à jeter sur cette grande ligne, est en pleine activité.

Que MM. les 19 du conseil général me prouvent maintenant que cette route ne sera pas plus importante et plus utile avec son embranchement de Libourne à Bordeaux, qu'aucune de celles qui sillonnent le département de la Dordogne..... Serait-ce par hasard les routes départementales de Ribérac à Nontron, par La Tour-Blanche, celle du premier point à Saint-Yrieix, de Mussidan à Sainte-Foy, par le Fleix, enfin de Ribérac à Sainte-Foy, par Montpont, toutes d'un intérêt général si minime, comme on va le voir, car les preuves sont toujours ici à l'appui de mes raisonnements.

Je passe aux motifs d'intérêts de localités qui ont dirigé le conseil général et l'administration dans leurs opérations de classement; je les ferai précéder de la position qu'ils voudraient faire aux communes de Larochechalais et de Parcoul, en maintenant à leur charge ce chemin de grande communication qui leur coûte déjà si cher pour de si pauvres résultats.

La nouvelle route départementale d'Angoulême à Larochechalais, est terminée jusqu'à Montmoreau; la partie de cette ligne de Chalais à Parcoul, est presque arrivée à l'état d'entretien; il ne restera donc plus, à la fin de 1842, que la distance de Montmoreau à Chalais.

Mais lorsque cette entreprise d'un si grand intérêt pour cette contrée de la Charente qui manque de communication avec Libourne, par Larochechalais, arrivera à la limite de la Dordogne, ce sera pour se perdre à Parcoul, dans les trous et dans les ornières d'un chemin vicinal impraticable, car en supposant qu'il puisse se terminer, ce ne pourrait être que dans un temps très éloigné (comme je vais plus bas vous le prouver); il serait bientôt dégradé par l'impossibilité où seraient ces deux communes de l'entretenir.

Un chemin tel que celui qui m'occupe, destiné à la circulation des diligences et du grand roulage, ne pourrait résister au choc, au poids et au frottement de ces véhicules lourdement chargés; ainsi comment parvenir à son entretien de tous les instants, avec les ressources dont ces deux communes disposent, surtout employées par la prestation en nature? D'ailleurs, quand il serait vrai que ces ressources fussent suffisantes, elles ne pourraient être utilisées qu'à des intervalles plus ou moins longs, par les retards qu'éprouvent toujours les recouvrements des fonds et l'emploi de la prestation en nature. Les intempéries, la circulation, l'eau, le plus grand ennemi des chemins, et autres causes de dégradation, rendraient bientôt ces ressources insuffisantes. A cet égard, il faut rappeler un principe duquel on ne doit point s'écarter, si l'on veut avoir de bonnes voies de communication.

Ce n'est pas seulement contre les intempéries qu'on doit les protéger, c'est contre une action permanente, celle même à laquelle ils doivent leur existence. Comment remplir ces conditions de viabilité avec les deux tiers de la prestation et le tiers des cinq centimes spéciaux, en supposant même que les conseils municipaux votent toujours le maximum de la prestation.

Mais on répondra comme toujours, que des allocations de fonds départementaux viendront au secours de ces deux communes.... Vaines promesses, qui ne coûtent rien et qui ne se réalisent pas. D'ailleurs, les secours de ce genre ne sont pas obligatoires, et ne peuvent s'accorder qu'à titre de concours et par petites portions. Il ne peut donc y avoir rien de fixe dans leur distribution, d'après la nature des choses, ce qui fait que l'esprit de suite (sans lequel il n'y a que des résultats sans portée), ne préside pas à l'exécution des travaux, qui se dégradent en attendant les secours promis qui n'arrivent pas, surtout dans la Dordogne, où l'état des finances est loin d'être prospère. Puis les secours qui peuvent s'accorder sont le partage des élus, et je ne prouve que trop que les habitants de Larochechalais et de Parcoul sont au nombre des réprouvés, car sans doute ils ne sont pas les seuls.

Lorsque ceux qui souffrent de ce triste état de choses se plaignent de la partialité qui les frappe, les élus leur répondent : *Vous n'avez pas été défendus....* Quoi ! on aurait besoin de l'être devant un corps tel qu'un conseil général ? Mais alors ses séances ne seraient plus qu'une arène de procureurs, se disputant en faveur des localités dont ils sont habitants la plus grosse part dans le partage du budget départemental, en oubliant qu'ils doivent, sans acception de personnes et de localités, protection, secours et justice à tous.

Parmi les preuves que je pourrais donner de la partialité du conseil général dans ses votes de classement et des allocations qui s'ensuivent, je me place sur la route départementale de Ribérac à Nontron par la Tour-

Blanche, qui est parallèle à peu de distance d'une autre route de même nature, passant par Mareuil, partant et arrivant des mêmes points. Les conseils d'arrondissement de Périgueux et de Nontron se sont plaints au conseil général de ce double emploi fâcheux; mais ils prêchèrent dans le désert : l'*égoïsme* était là.

D'après un rapport de M. l'ingénieur en chef des ponts et chaussées au conseil général, session de 1837, séance du 28 août, cette route par la Tour-Blanche, sur laquelle il ne circulera que des charrettes bouvières, nécessitait encore à cette époque une dépense de 318,500 fr., tandis que, dans la séance du lendemain, le conseil général, à la majorité de 19 voix contre 5, rejetait le classement en route départementale de la lacune vicinale de Larochechalais à Parcoul, d'un développement de 6,800 mètres et d'une dépense de 71,200 fr., d'après l'avant-projet de messieurs des ponts et chaussées, et cette MIETTE du budget départemental, *renforcé* par un emprunt d'un million, a été refusée au complément d'une ligne royale et départementale de Paris aux Pyrénées, traversée au point de Larochechalais par une autre grande route de l'Est à l'Ouest, pour lui préférer, avec une dépense *cinq fois* plus forte, une bourgade sans commerce, sans industrie et sans avenir, quoi qu'on fasse, par sa position topographique, qui n'exporte dans les contrées voisines que des pierres de taille et quelques pièces de vin; et c'est sur une telle ligne qu'on veut enfouir trois à quatre cent mille francs. Mon Dieu! mon Dieu!!!

L'économie et la justice distributive n'ont pas passé par là!

Ce n'est pas tout : le conseil général, dans sa munificence pour la commune *exiguë* de la Tour-Blanche, d'une population de 450 habitants, la fait traverser par *quatre* chemins de grande communication, qui ne lui coûteront pas grand'chose, grâce à la centralisation sans garantie des ressources communales. Enfin, une route départementale par-dessus le marché. Il paraît que cette heureuse commune n'a pas manqué de défenseurs au conseil général.

J'arrive sur la route départementale de Mussidan à Sainte-Foy, par le Fleix; le classement de cette ligne en route départementale fut proposé par M. le préfet au conseil général, session de 1837, séance du 29 août, en même temps que celui du chemin de Larochechalais à Parcoul; les deux propositions furent rejetées. Le lendemain, le conseil général donna pour fiche de consolation (ou plutôt de ruine), à chacune de ces localités, un chemin de grande communication. Ce simulacre d'égalité n'était qu'un leurre et une mystification de mauvais goût contre les habitants de Larochechalais et de Parcoul, puisqu'à une session suivante, Mussidan obtint la route départementale, en laissant ces deux communes embourbées dans leur vicinal, malgré leurs droits incontestables, leurs réclamations réitérées et celles de M. le préfet de la Charente.

La cause de ce qui se passe au conseil général sur cette partie si intéressante de notre économie publique, prend sa source dans l'influence individuelle des notabilités de clocher, qui représentent bien moins les intérêts départementaux, considérés d'un point de vue large et élevé, que les intérêts étroits et rivaux des petites localités.

Un chemin, quel qu'il soit, est toujours profitable; mais pour qu'il soit raisonnablement utile, il faut que les services qu'il peut rendre soient en rapport avec les dépenses qu'il occasionne.

Il faut aussi, dans le classement des routes et des chemins, diriger leur direction par le mouvement des relations commerciales et industrielles. Les produits plus ou moins considérables servent de mesure à l'activité sur une voie de communication.

J'ai suffisamment prouvé que la route départementale de Ribérac à Nontron, par la Tour-Blanche, n'était pas dans ces conditions de classement.... Voyons si elles ont été mieux observées concernant la route départementale de Mussidan à Sainte-Foy, par le Fleix.

Cette route part de l'Isle et arrive au Fleix sur Dordogne, qui baigne aussi, sur la rive gauche, les murs de Sainte-Foy; ces deux rivières sont navigables et coulent sur Bordeaux, point culminant du commerce de ces contrées. Sainte-Foy et Mussidan ont en outre chacun une grande route sur Libourne et Bordeaux.

Ces positions établies, je demande à nos classificateurs: les produits du Fleix, de Sainte-Foy et de leurs environs seront-ils dirigés sur Mussidan, et ceux de Mussidan le seront-ils sur Sainte-Foy, pour se rencontrer à Bordeaux, par les routes et les canaux? Ces questions se résolvent d'elles-mêmes par la négative.

La route départementale de Ribérac à Sainte-Foy, par Montpon, est dans dans la même position de classement que la précédente. Enfin, où sont les points de contact entre Ribérac et Saint-Yrieix?

Je puis donc avec raison et sans crainte demander au conseil général, en vertu de quels titres certaines parties du département sont-elles privilégiées sans nécessité, et par quels motifs d'autres sont-elles sacrifiées? Je ne le comprends pas. Tout doit être égal entre elles, eu égard à leurs *besoins*, à leurs *ressources* et à leur *position*; toutes sans exception ne portent-elles pas leur contingent à la caisse commune de la famille départementale? Ainsi, une égalité parfaite de protection doit être le régulateur des votes d'un conseil général. Lorsqu'il favorise sans nécessité une localité au préjudice de l'autre, il viole son mandat; il méconnaît que ce n'est pas pour telle ou telle localité, pour telle ou telle ville, pour telle ou telle personne, que le législateur l'a institué, mais bien pour être juste envers toutes. Enfin, la distribution des fonds départementaux ne doit pas être un ATTRAPE QUI PEUT!!!

O égoïsme au souffle desséchant, intime et assidu conseiller des actions de la plupart des hommes, cancer rongeur sur la France, vampire qui nourrit ton existence de l'existence des autres, sentiment étroit qui absorbe les plus belles facultés et corrompt les meilleures sources, que tu fais de mal à la chose publique, et tant d'autres choses dont la patrie s'afflige!

Le patriotisme, les sentiments généreux sont éteints par une soif insatiable de pouvoir, de richesses et de jouissance; on ne sait plus travailler qu'au triomphe ignoble de chacun pour soi.

Ceux qui se conduisent ainsi ne pensent pas comme Anne d'Autriche, mère de Louis XIV. Cette reine disait : « Qu'est-ce qu'une couronne, puisqu'il faut mourir ?

Quand elle prononçait ces paroles poignantes, elle avait au cœur (comme son fils, apercevant, de son palais de Saint-Germain, l'abbaye de Saint-Denis, où reposaient les cendres de ses aïeux), l'aiguillon de cette grande loi de l'égalité qu'on oublie si vite, qui avertit les puissants et les riches qu'ils y sont soumis comme les plus humbles, comme les plus pauvres.

L'histoire rapporte que les tristes réflexions que causait au grand roi la vue de Saint-Denis, furent la principale cause de la construction du château de Versailles.

Impossibilité où sont les communes de Larochechalais et de Parcoul de continuer leur chemin de grande communication.

Je vais démontrer la vérité de cette proposition par la puissance incontestable des chiffres, qui sont sans équivoque possible, qui parlent seuls, et contre lesquels les sophismes ne peuvent rien.

Je pose d'abord les bases suivantes, sur lesquelles reposeront mes calculs :

1° Les ressources de ces deux communes se composent des deux tiers du maximum de la prestation et des cinq centimes spéciaux, savoir : 2,353 fr. pour la commune de Larochechalais, et 1,597 fr. pour celle de Parcoul. Soit ensemble 3,950 fr.;

2° J'évalue le prix de revient du mètre courant à 10 fr., 8 fr. au-dessous de celui de M. le préfet, annoncé au conseil général, session de 1837, séance du 27 août, en ces mots : « On reprend la discussion de l'emprunt;
« M. le préfet la fait précéder d'un fait important au
« sujet du prix de revient des chemins de grande
« communication; une nouvelle expérience vient de
« lui démontrer qu'il est de *dix-huit mille francs* le
« kilomètre (18 fr. le mètre courant), au lieu de 12,800
« fr., proportion obtenue d'abord. »

Cette seule déclaration devait arrêter le conseil général dans ses classements intempestifs de chemins, et lui faire l'impérieuse loi d'en déclasser les *trois quarts*. Il fit précisément le contraire, puisqu'il en classa, sur la proposition de M. le préfet, onze nouveaux dans la même séance, en regard du prix de revient effrayant coté par M. le préfet.

Que l'on réfléchisse sur le mauvais emploi des ressources, sur le découragement des prestataires, trompés dans leurs espérances, sur le défaut d'ordre, d'ensemble, de suite, de surveillance, d'économie dans l'exécution des travaux, et l'on aura la preuve du prix de revient énorme de 18,000 fr. le kilomètre, coté par M. le préfet.

La prestation en nature, les travaux à prix d'argent, tels qu'ils sont conduits, la rédaction des rôles, les remises des percepteurs, le traitement des agents-voyers, les frais de bureaux de leur chef, la rétribution des piqueurs, que sais-je?... sont des charges bien pesantes pour le contribuable, plus onéreuses encore que l'ancienne corvée, contre laquelle, avec raison, on a tant crié.

Cette digression placée, je reviens à mes calculs, et opérant sur les bases posées plus haut, je trouve pour les dix mille mètres de longueur du chemin dont il s'agit, à dix francs l'un, *cent mille francs.*

L'ouverture de la ligne, des fossés et le terrassement, pendant le cours de quatre ans, 1838, 1839, 1840 et 1841, sur un tracé de 4,800 mètres, à 3 fr. 29 c. ⅙ l'un........................ 15,798 f. » c.

Mêmes travaux à exécuter sur un tracé de 5,200 mètres, à 3 fr. 29 c. ⅙ l'un................ 17,116 66

Total de la dépense faite et à faire sur cette partie des travaux.......................... 32,914 66

Chaussée et travaux d'art.

Ramassage et extraction des matériaux, leur

A reporter......... 32,914 66

Report............	32,914	66
transport (ils sont éloignés de la plus grande partie de la ligne d'opération), cassage des pierres et des cailloux, empierrement, nivellement de la chaussée et des accotements, travaux d'art pour la construction des ponts, ponceaux, aquéducs, au nombre de 20, à 6 fr. 70 c. $^{17}/_{48}$ le mètre courant...	67,085	34
Total égal au chiffre qui a servi de base aux calculs, au plus bas	100,000	»

Veut-on savoir maintenant combien il faudrait de temps aux communes de Larochechalais et de Parcoul pour mettre leur chemin à l'état d'entretien? Une simple règle de division suffira pour résoudre la question. Le chiffre 3,950 fr., ressources des deux communes, sera le diviseur, celui de 100,000 fr., montant de la dépense, le dividende; l'opération donnera au quotient le nombre 25, qui sera celui des années, et le reste 1,250 équivaudra à 3 mois 24 jours. Donc, la durée des travaux serait de 25 ans 3 mois 24 jours.

Notez que je ne fais pas la part des réparations qu'il faudrait subir sur les parties construites, avant la confection de toutes.

Remarquez, il faut dire encore, que mon prix de revient est de *huit francs* le mètre courant au-dessous de celui coté par M. le préfet.

Mais ce qui surprendra les intelligences les moins avancées, c'est de voir terrasser une ligne de dix mille mètres, sans procéder aux travaux d'art et de chaussée, ce qui laisse la porte ouverte aux dégradations sur les travaux commencés, qu'il faut réparer chaque année sur de nouveaux frais. On avait pourtant un bon exemple à suivre sous les yeux, sur la route départementale de Chalais à Parcoul, où tout marche si bien, que les ouvriers, en avançant, laissent derrière eux, sur la ligne d'opération, la route entièrement terminée, prête à recevoir le cantonnier; de cet excellent système résulte économie de temps et d'argent. Voilà ce que ne comprennent pas nos ingénieurs au petit pied.

A vous, messieurs les maires, adjoints et conseillers municipaux des communes de Larochechalais et de Parcoul... Comment avez-vous pu souffrir que l'administration supérieure et le conseil général de la Dordogne vous aient imposé d'office cette lourde charge interminable, en violant l'art. 7 de la loi du 21 mai 1836, qui prescrit impérieusement aux préfets et aux conseils généraux de ne point classer de chemins de grande communication sans avoir consulté les conseils municipaux et d'arrondissements?

D'après les dispositions du 1er paragraphe de cet art. 7, les chemins de grande communication sont classés par le conseil général, sur l'avis des conseils municipaux et d'arrondissements, et sur la proposition du préfet. D'après le 2e paragraphe, sur les mêmes avis et proposition, le conseil général détermine la direction de chaque chemin de grande communication et désigne les communes qui doivent contribuer à sa construction et à son entretien. Ainsi, nul doute sur les attributions du conseil général et sur la nécessité de consulter les conseils municipaux et d'arrondissements, non seulement sur le classement, mais encore sur la direction. Vous le voyez, messieurs les municipaux, que vous avez méconnu les droits que vous confère la loi, en compromettant gravement les intérêts de vos administrés.

Ceux de la commune de Chalais ont été mieux avisés ou plus instruits sur leurs attributions, puisqu'ils ont repoussé la proposition d'un chemin de grande communication de Chalais à Parcoul; aussi ont-ils obtenu la route départementale, tandis que vos deux commune sauront déjà dépensé sur le leur, avec peu de fruit, la somme de 19,548 fr. à la fin de 1842, en prestations en nature et en argent, sans être à la *cinquième* partie de leur tâche. *Pauvres communes!*

Routes départementales.

L'état financier et de construction de ces routes dans la Dordogne est-il satisfaisant?... Non ! voici une lettre d'un membre du conseil général de ce département, publiée dans le journal l'*Union*, qui s'imprime à Nontron, qui vient à l'appui de ma négation.

« Paris, le 14 janvier 1841.

« L'emprunt départemental d'un million pour nos
« routes est rejeté par le comité des travaux publics
« au conseil d'état, ce qui équivaut à un rejet défini-
« tif; le comité se fonde avec raison sur l'emploi qu'on
« en voulait faire.

« Le conseil général avait décidé, dans sa dernière
« session, que ce deuxième emprunt serait employé, non
« pas à terminer les routes susceptibles d'achèvement,
« mais à diminuer d'un cinquième seulement les lacu-
« nes existantes. Conçoit-on un système plus déplora-
« ble? Cinq millions à peu près sont nécessaires pour
« combler les vides si nombreux de nos communica-
« tions; eh bien! au lieu de réparer les mailles de ce
« filet rompu, on décide que l'on *diminuera* d'un cin-
« quième seulement la grandeur des trous, c'est-à-dire
« que l'on empruntera un million pour en grossir le

« capital énorme de nos routes en chantier, capital
« non seulement improductif, mais ruineux par son
« entretien.

« L'arrondissement de Nontron perdra l'allocation
« de 143,000 fr. que recevait sa route n° 15, mais il y
« renoncera sans regret, si ce refus fait ouvrir les yeux
« au conseil général sur le système ruineux des em-
« prunts, leur emploi vicieux et la nécessité indispen-
« sable de terminer de suite les routes utiles, et d'a-
« journer courageusement la confection de celles les
« moins nécessaires.

« *Signé* DELANOUE. »

Le conseil général, dans sa session de 1841, est revenu à la charge en votant un emprunt d'un million pour les routes départementales. J'ignore s'il a reçu la sanction du gouvernement. Dieu veuille, dans l'intérêt des contribuables, qu'il n'en soit rien ! Le seul remède efficace au mal qui existe, se trouve dans la lettre qui précède.

TRIGANT-GAUTIER.

Ancien administrateur au directoire du District de Ribérac (Dordogne), à Larochechalais (Dordogne).

P. S. La seconde partie, qui traitera des chemins de petite vicinalité (bien plus utiles que les grands), paraîtra prochainement, et sera rédigée avec tout le soin que mérite la matière. Elle comprendra, en outre, une instruction détaillée sur l'exécution des travaux, extraite de l'ouvrage d'un de nos ingénieurs des ponts et chaussées.

Angoulême, Imprimerie de Lefraise et Cⁱᵉ, rue des Trois-Notre-Dame.

www.ingramcontent.com/pod-product-compliance
Lightning Source LLC
Chambersburg PA
CBHW060900050426
42453CB00011B/2051